AUS DEM SCHATZE DES ALTERTUMS
LATEINISCHE SCHRIFTSTELLER B. 19

CORNELIUS NEPOS

LEBENSBESCHREIBUNGEN BERÜHMTER MÄNNER

AUSGEWÄHLT UND ERLÄUTERT
VON
MAX LEITSCHUH

Zehnte Auflage

1979
C. C. BUCHNERS VERLAG · BAMBERG

INHALT

ISBN 3 7661 5719 1

Umschlagbild: Büste des Themistokles aus Ostia
(römische Kopie eines verlorenen griechischen Kunstwerkes)

Druck: Fränkischer Tag GmbH & Co., Bamberg

I. MILTIADES

1. Gründung einer athenischen Kolonie auf dem thrakischen Chersones unter der Führung des Miltiades

Miltiades, Cimonis filius, Atheniensis, cum et antiquitate generis et gloria maiorum et sua modestia unus omnium maxime floreret eaque esset aetate, ut non iam solum de eo bene sperare, sed etiam confidere cives possent sui talem eum futurum, qualem cognitum iudicarunt, accidit, ut Athenienses Chersonesum colonos vellent mittere. Cuius generis cum magnus numerus esset et multi eius demigrationis peterent societatem, ex his delecti Delphos deliberatum missi sunt, qui consulerent Apollinem, quo potissimum duce uterentur. Namque tum Thraces eas regiones tenebant, cum quibus armis erat dimicandum. His consulentibus nominatim Pythia praecepit, ut Miltiadem imperatorem sibi sumerent: id si fecissent, incepta prospera futura. Hoc oraculi responso Miltiades cum delecta manu classe Chersonesum profectus cum accessisset Lemnum et incolas eius insulae sub potestatem redigere vellet Atheniensium, idque Lemnii sua sponte facerent, postulasset, illi irridentes responderunt tum id se facturos, cum ille domo navibus proficiscens vento aquilone venisset Lemnum. Hic enim ventus ab septentrionibus oriens adversum tenet Athenis proficiscentibus. Miltiades morandi tempus non habens cursum direxit, quo tendebat, pervenitque Chersonesum.

2. Besitznahme der Insel Lemnus und anderer Inseln für Athen

Ibi brevi tempore barbarorum copiis disiectis tota regione, quam petierat, potitus loca castellis idonea communiit, multitudinem, quam secum duxerat, in agris collocavit crebrisque excursionibus locupletavit. Neque minus in ea re prudentia quam felicitate adiutus est. Nam cum virtute militum devicisset hostium exercitus, summa aequitate res constituit atque ipse ibidem manere decrevit. Erat enim inter eos dignitate regia, quamvis carebat nomine, neque id magis imperio quam iustitia consecutus. Neque eo setius Atheniensibus, a quibus erat profectus, officia praestabat. Quibus rebus fiebat, ut non minus eorum voluntate perpetuo imperium obtineret, qui miserant, quam illorum, cum quibus erat profectus.

Chersoneso tali modo constituta Lemnum revertitur et ex pacto postulat, ut sibi urbem tradant. Illi enim dixerant, cum vento borea domo profectus eo pervenisset, sese dedituros; se autem domum Chersonesi habere. Cares, qui tum Lemnum incolebant, etsi praeter opinionem res ciciderat, tamen non dicto, sed secunda fortuna adversariorum capti resistere ausi non sunt atque ex insula demigrarunt. Pari felicitate ceteras insulas, quae Cyclades nominantur, sub Atheniensium redegit potestatem.

3. Vergeblicher Rat des Miltiades, dem gegen die Skythen kämpfenden Perserkönig die Rückkehr abzuschneiden. Seine Flucht nach Athen

Eisdem temporibus Persarum rex Darius ex Asia in Europam exercitu traiecto Scythis bellum inferre decrevit. Pontem fecit in Histro flumine, quo copias traduceret. Eius pontis, dum ipse abesset, custodes reliquit principes, quos secum ex Ionia et Aeolide duxerat; quibus singulis illarum urbium perpetua dederat imperia. Sic enim facillime putavit se Graeca lingua loquentes, qui Asiam incolerent, sub sua retenturum potestate, si amicis suis oppida tuenda tradidisset, quibus se oppresso nulla spes salutis relinqueretur. In hoc fuit tum numero Miltiades, cui illa custodia crederetur. Hic cum crebri afferrent nuntii male rem gerere Darium premique a Scythis, Miltiades hortatus est pontis custodes, ne a fortuna datam occasionem liberandae Graeciae dimitterent. Nam si cum iis copiis, quas secum transportarat, interisset Darius, non solum Europam fore tutam, sed etiam eos, qui Asiam incolerent Graeci genere, liberos a Persarum futuros dominatione et periculo; id facile effici posse. Ponte enim rescisso regem vel hostium ferro vel inopia paucis diebus interiturum. Ad hoc consilium cum plerique accederent, Histiaeus Milesius, ne res conficeretur, obstitit, dicens non idem ipsis, qui summas imperii tenerent, expedire et multitudini, quod Darii regno ipsorum niteretur dominatio; quo exstincto ipsos potestate expulsos civibus suis poenas daturos. Itaque adeo se abhorrere a ceterorum consilio, ut nihil putet ipsis utilius quam confirmari regnum Persarum. Huius cum sententiam plurimi essent secuti, Miltiades non dubitans tam multis consciis ad regis aures consilia sua perventura, Chersonesum reliquit ac rursus Athenas demigravit. Cuius ratio etsi non valuit, tamen magnopere est laudanda, cum amicior omnium libertati quam suae fuerit dominationi.

4. Beginn des persischen Rachekrieges gegen Griechenland; Vormarsch gegen Athen. Des Miltiades Rat, dem Feind außerhalb der Stadt entgegenzutreten

Darius autem cum ex Europa in Asiam redisset, hortantibus amicis, ut Graeciam redigeret in suam potestatem, classem quingentarum navium comparavit eique Datim praefecit et Artaphernem hisque ducenta peditum, decem milia equitum dedit, causam interserens se hostem esse Atheniensibus, quod eorum auxilio Iones Sardes expugnassent suaque praesidia interfecissent. Illi praefecti regii classe ad Euboeam appulsa celeriter Eretriam ceperunt omnesque eius gentis cives abreptos in Asiam ad regem miserunt. Inde ad Atticam accesserunt ac suas copias in campum Marathona deduxerunt. Is est ab oppido circiter milia passuum decem. Hoc tumultu Athenienses tam propinquo tamque magno permoti auxilium nusquam nisi a Lacedaemoniis petiverunt Phidippumque, cursorem eius generis, qui hemerodromoe vocantur, Lacedaemonem miserunt, ut nuntiaret, quam celeri opus esset auxilio. Domi autem creant decem praetores, qui exercitui praeessent, in eis Miltiadem. Inter quos magna fuit contentio, utrum moenibus se defenderent an obviam irent hostibus acieque decernerent. Unus Miltiades maxime nitebatur, ut primo quoque tempore castra fierent; id si factum esset, et civibus animum accessurum, cum viderent de eorum virtute non desperari, et hostes eadem re fore tardiores, si animadverterent auderi adversus se tam exiguis copiis dimicari.

5. Die Schlacht bei Marathon

Hoc in tempore nulla civitas Atheniensibus auxilio fuit praeter Plataeenses. Ea mille misit militum. Itaque horum adventu decem milia armatorum completa sunt; quae manus mirabili flagrabat pugnandi cupiditate. Quo factum est, ut plus quam collegae Miltiades valeret. Eius ergo auctoritate impulsi Athenienses copias ex urbe eduxerunt locoque idoneo castra fecerunt. Dein postero die sub montis radicibus acie regione instructa non apertissuma (namque arbores multis locis erant rarae) proelium commiserunt hoc consilio, ut et montium altitudine tegerentur et arborum tractu equitatus hostium impediretur, ne multitudine clauderentur. Datis etsi non aequum locum videbat suis, tamen fretus numero copiarum suarum confligere cupiebat eoque magis, quod, priusquam Lacedaemonii subsidio venirent, dimicare utile arbitrabatur. Itaque in aciem peditum centum, equitum decem milia produxit proeliumque commisit. In quo tanto plus virtute valuerunt Athenienses, ut decemplicem numerum hostium profligarint adeoque perterruerint, ut Persae non castra, sed naves petierint. Qua pugna nihil adhuc exstitit nobilius. Nulla enim umquam tam exigua manus tantas opes prostravit.

6. Ehrung des siegreichen Feldherrn

Cuius victoriae non alienum videtur, quale praemium Miltiadi sit tributum, docere, quo facilius intellegi possit eandem omnium civitatum esse naturam. Ut enim populi Romani honores quondam fuerunt rari et tenues ob eamque causam gloriosi, nunc autem effusi atque obsoleti, sic olim apud Athenienses fuisse reperimus. Namque huic Miltiadi, qui Athenas totamque Graeciam liberarat, talis honos tributus est, in porticu, quae Poecile vocatur, cum pugna depingeretur Marathonia, ut in decem praetorum numero prima eius imago poneretur isque hortaretur milites proeliumque committeret. Idem ille populus, posteaquam maius imperium est nactus et largitione magistratuum corruptus est, trecentas statuas Demetrio Phalereo decrevit.

7. Mißlungenes Unternehmen gegen die Insel Parus; Anklage gegen Miltiades; Verurteilung und Tod im Gefängnis

Post hoc proelium classem septuaginta navium Athenienses eidem Miltiadi dederunt, ut insulas, quae barbaros adiuverant, bello persequeretur. Quo in imperio plerasque ad officium redire coëgit, nonnullas vi expugnavit. Ex his Parum insulam opibus elatam cum oratione reconciliare non posset, copias e navibus eduxit, urbem operibus clausit omnique commeatu privavit, dein vineis ac testudinibus constitutis propius muros accessit. Cum iam in eo esset, ut oppido potiretur, procul in continenti lucus, qui ex insula conspiciebatur, nescio quo casu nocturno tempore incensus est. Cuius flamma ut ab oppidanis et oppugnatoribus est visa, utrisque venit in opinionem signum a classiariis regis datum. Quo factum est, ut et Parii a deditione deterrerentur et Miltiades timens, ne classis regia adventaret, incensis operibus, quae statuerat, cum totidem navibus, atque erat profectus, Athenas magna cum offensione civium suorum rediret. Accusatus ergo est proditionis, quod, cum Parum expugnare posset, a rege corruptus infectis rebus discessisset. Eo tempore aeger erat vulneribus, quae in oppugnando oppido acceperat. Itaque, quoniam ipse pro se dicere non posset, verba fecit frater eius Stesagoras. Causa cognita capitis absolutus pecunia multatus est eaque lis quinquaginta talentis aestimata est, quantus in classem sumptus factus erat. Hanc pecuniam quod solvere in praesentia non poterat, in vincla publica coniectus est ibique diem obiit supremum.

8. Der wahre Grund für seinen Sturz: Angst vor der Größe des Mannes

Hic etsi crimine Pario est accusatus, tamen alia causa fuit damnationis. Namque Athenienses propter Pisistrati tyrannidem, quae paucis annis ante fuerat, omnium civium suorum potentiam extimescebant. Miltiades, multum in imperiis magnisque versatus, non videbatur posse esse privatus, praesertim cum consuetudine ad imperii cupiditatem trahi videretur. Nam Chersonesi omnes illos, quos habitarat, annos perpetuam obtinuerat dominationem tyrannusque fuerat appellatus, sed iustus. Non erat enim vi consecutus, sed suorum voluntate, eamque potestatem bonitate retinebat. Omnes autem et dicuntur et habentur tyranni, qui potestate sunt perpetua in ea civitate, quae libertate usa est. Sed in Miltiade erat cum summa humanitas tum mira communitas, ut nemo tam humilis esset, cui non ad eum aditus pateret, magna auctoritas apud omnes civitates, nobile nomen, laus rei militaris maxima. Haec populus respiciens maluit illum innoxium plecti quam se diutius esse in timore.

II. THEMISTOCLES

1. Jugendjahre; Vorbereitung auf die Wirksamkeit im Staat

Themistocles, Neocli filius, Atheniensis. Huius vitia ineuntis adulescentiae magnis sunt emendata virtutibus, adeo ut anteferatur huic nemo, pauci pares putentur. Sed ab initio est ordiendus. Pater eius Neocles generosus fuit. Is uxorem Acarnanam civem duxit, ex qua natus est Themistocles. Qui cum minus esset probatus parentibus, quod et liberius vivebat et rem familiarem neglegebat, a patre exheredatus est. Quae contumelia non fregit eum, sed erexit. Nam cum iudicasset sine summa industria non posse eam exstingui, totum se dedidit rei publicae, diligentius amicis famaeque serviens. Multum in iudiciis privatis versabatur, saepe in contionem populi prodibat; nulla res maior sine eo gerebatur; celeriter, quae opus erant, reperiebat, facile eadem oratione explicabat. Neque minus in rebus gerendis promptus quam excogitandis erat, quod et de instantibus, ut ait Thucydides, verissime iudicabat et de futuris callidissime coniciebat. Quo factum est, ut brevi tempore illustraretur.

2. Verdienste um die Begründung der athenischen Seemacht

Primus autem gradus fuit capessendae rei publicae bello Corcyraeo; ad quod gerendum praetor a populo factus non solum praesenti bello, sed etiam reliquo tempore ferociorem reddidit civitatem. Nam cum pecunia publica, quae ex metallis redibat, largitione magistratuum quotannis interiret, ille persuasit populo, ut ea pecunia classis centum navium aedificaretur. Qua celeriter effecta primum Corcyraeos fregit, deinde maritimos praedones consectando mare tutum reddidit. In quo cum divitiis ornavit, tum etiam peritissimos belli navalis fecit Athenienses.

Id quantae saluti fuerit universae Graeciae, bello cognitum est Persico.

3. Vormarsch der Perser gegen Griechenland

Nam cum Xerxes et mari et terra bellum universae inferret Europae cum tantis copiis, quantas neque ante nec postea habuit quisquam — huius enim classis mille et ducentarum navium longarum fuit, quam duo milia onerariarum sequebantur, terrestres autem exercitus septingenta peditum, equitum quadringenta milia fuerunt —; cuius de adventu cum fama in Graeciam esset perlata et maxime Athenienses peti dicerentur propter pugnam Marathoniam, miserunt Delphos consultum, quidnam facerent de rebus suis. Deliberantibus Pythia respondit, ut moenibus ligneis se munirent. Id responsum quo valeret, cum intellegeret nemo, Themistocles persuasit consilium esse Apollinis, ut in naves se suaque conferrent: eum enim a deo significari murum ligneum. Tali consilio probato addunt ad superiores totidem naves triremes suaque omnia, quae moveri poterant, partim Salamina, partim Troezena deportant; arcem sacerdotibus paucisque maioribus natu ad sacra procuranda tradunt, reliquum oppidum relinquunt.

4. Heldentod des Leonidas bei den Thermopylen; Seegefecht bei Artemisium

Huius consilium plerisque civitatibus displicebat et in terra dimicari magis placebat. Itaque missi sunt delecti cum Leonida, Lacedaemoniorum rege, qui Thermopylas occuparent longiusque barbaros progredi non paterentur. Ii vim hostium non sustinuerunt eoque loco omnes interierunt. At classis communis Graeciae trecentarum navium, in qua ducentae erant Atheniensium, primum apud Artemisium inter Euboeam continentemque terram cum classiariis regis conflixit. Angustias enim Themistocles quaerebat, ne multitudine circumiretur. Hinc etsi pari proelio discesserant, tamen eodem loco non sunt ausi manere, quod erat periculum, ne, si pars navium adversariorum Euboeam superasset, ancipiti premerentur periculo. Quo factum est, ut ab Artemisio discederent et exadversum Athenas apud Salamina classem suam constituerent.

5. Einnahme und Zerstörung Athens; der Seesieg bei Salamis, das persönliche Verdienst des Themistokles

At Xerxes Thermopylis expugnatis protinus accessit astu idque nullis defendentibus interfectis sacerdotibus, quos in arce invenerat, incendio delevit. Cuius flamma perterriti classiarii cum manere non auderent et plurimi hortarentur, ut domos suas discederent moenibusque se defenderent, Themistocles unus restitit et universos pares esse posse aiebat, dispersos testabatur perituros idque Eurybiadi, regi Lacedaemoniorum, qui tum summae imperii praeerat, fore affirmabat. Quem cum minus, quam vellet, moveret, noctu de servis suis, quem habuit fidelissimum, ad regem misit, ut ei nuntiaret suis verbis adversarios eius in fuga esse; qui si discessissent, maiore cum labore et longinquiore tempore bellum confecturum, cum singulos consectari cogeretur; quos si statim aggrederetur, brevi universos oppressurum. Hoc eo valebat, ut ingratis ad depugnandum omnes cogerentur. Hac re audita barbarus, nihil doli subesse credens, postridie alienissimo sibi loco, contra opportunissimo hostibus, adeo angusto mari conflixit, ut eius multitudo navium explicari non potuerit. Victus ergo est magis etiam consilio Themistocli quam armis Graeciae.

6. Ein zweiter Erfolg seiner Politik: der Abzug der Perser

Hic etsi male rem gesserat, tamen tantas habebat reliquias copiarum, ut etiam tum his opprimere posset hostes. Iterum ab eodem gradu depulsus est. Nam Themistocles verens, ne bellare perseveraret, certiorem eum fecit id agi, ut pons, quem ille in Hellesponto fecerat, dissolveretur ac reditu in Asiam excluderetur, idque ei persuasit. Itaque, qua sex mensibus iter fecerat, eadem minus diebus triginta in Asiam reversus est seque a Themistocle non superatum, sed conservatum iudicavit. Sic unius viri prudentia Graecia liberata est Europaeque succubuit Asia. Haec est altera victoria, quae cum Marathonio possit comparari tropaeo. Nam pari modo apud Salamina parvo numero navium maxima post hominum memoriam classis est devicta.

7. Ausbau des Piräus; Wiederaufbau der Befestigungen Athens trotz des Einspruchs Spartas

Magnus hoc bello Themistocles fuit neque minor in pace. Cum enim Phalerico portu neque magno neque bono Athenienses uterentur, huius consilio triplex Piraei portus constitutus est iisque moenibus circumdatus, ut ipsam urbem dignitate aequiperaret, utilitate superaret. Idem muros Atheniensium restituit praecipuo suo periculo. Namque Lacedaemonii causam idoneam nacti propter barbarorum excursiones, qua negarent oportere extra Peloponnesum ullam urbem muros habere, ne essent loca munita, quae hostes possiderent, Athenienses aedificantes prohibere sunt conati. Hoc longe alio spectabat, atque videri volebant. Athenienses enim duabus victoriis, Marathonia et Salaminia, tantam gloriam apud omnes gentes erant consecuti, ut intellegerent Lacedaemonii de principatu sibi cum his certamen fore. Quare eos quam infirmissimos esse volebant. Postquam autem audierunt muros instrui, legatos Athenas miserunt, qui id fieri vetarent. His praesentibus desierunt ac se de ea re legatos ad eos missuros dixerunt. Hanc legationem suscepit Themistocles et solus primo profectus est; reliqui legati ut tum exirent, cum satis alti tuendo muri exstructi viderentur, praecepit; interim omnes, servi atque liberi, opus facerent neque ulli loco parcerent, sive sacer sive privatus esset sive publicus, et undique, quod idoneum ad muniendum putarent, congererent. Quo factum est, ut Atheniensium muri ex sacellis sepulcrisque constarent. Themistocles autem ut Lacedaemonem venit, adire ad magistratus noluit et dedit operam, ut quam longissime tempus duceret, causam interponens se collegas exspectare. Cum Lacedaemonii quererentur opus nihilo minus fieri eumque in ea re conari fallere, interim reliqui legati sunt consecuti. A quibus cum audisset non multum superesse munitionis, ad ephoros Lacedaemoniorum accessit, penes quos summum erat imperium, atque apud eos contendit falsa iis esse delata; quare aequum esse illos viros bonos nobilesque mittere, quibus fides haberetur, qui rem explorarent; interim se obsidem retinerent. Gestus est ei mos tresque legati functi summis honoribus Athenas missi sunt. Cum his collegas suos Themistocles iussit proficisci iisque praedixit, ut ne prius Lacedaemoniorum legatos dimitterent, quam ipse esset remissus. Hos postquam Athenas pervenisse ratus est, ad magistratum senatumque Lacedaemoniorum adiit et apud eos liberrime professus est Athenienses suo consilio, quod communi iure gentium facere possent, deos publicos suosque patrios ac penates, quo facilius ab hoste possent defendere, muris saepsisse neque in eo, quod inutile esset Graeciae, fecisse. Nam illorum urbem ut propugnaculum oppositum esse barbaris; apud quam iam bis classes regias fecisse naufragium. Lacedaemonios autem male et iniuste facere, qui id potius intuerentur, quod ipsorum dominationi, quam quod universae Graeciae utile esset. Quare, si suos legatos recipere vellent, quos Athenas miserant, se remitterent; aliter illos numquam in patriam essent recepturi.

8. Verbannung des Themistokles auf Betreiben Spartas. Unstetes Wanderleben des Flüchtlings

Tamen non effugit civium suorum invidiam. Namque ob eundem timorem, quo damnatus erat Miltiades, testularum suffragiis e civitate eiectus Argos habitatum concessit. Hic cum propter multas eius virtutes magna cum dignitate viveret, Lacedaemonii legatos Athenas miserunt, qui eum absentem accusarent, quod societatem cum rege Perse ad

Graeciam opprimendam fecisset. Hoc crimine absens proditionis damnatus est. Id ut audivit, quod non satis tutum se Argis videbat, Corcyram demigravit. Ibi cum cives principes animadvertisset timere, ne propter se bellum iis Lacedaemonii et Athenienses indicerent, ad Admetum, Molossum regem, cum quo ei hospitium erat, confugit. Huc cum venisset et in praesentia rex abesset, quo maiore religione se receptum tueretur, filiam eius parvulam arripuit et cum ea se in sacrarium, quod summa colebatur caerimonia, coniecit. Inde non prius egressus est, quam rex eum data dextra in fidem reciperet; quam praestitit. Nam cum ab Atheniensibus et Lacedaemoniis exposceretur publice, supplicem non prodidit monuitque, ut consuleret sibi; difficile enim esse in tam propinquo loco tuto eum versari. Itaque Pydnam eum deduci iussit et, quod satis esset praesidii, dedit. Hic in navem omnibus ignotus nautis escendit. Quae cum tempestate maxima Naxum ferretur, ubi tum Atheniensium erat exercitus, sensit Themistocles, si eo pervenisset, sibi esse pereundum. Hac necessitate coactus domino navis, qui sit, aperit, multa pollicens, si se conservasset. At ille clarissimi viri captus misericordia diem noctemque procul ab insula in salo navem tenuit in ancoris neque quemquam ex ea exire passus est. Inde Ephesum pervenit ibique Themistoclem exponit; cui ille pro meritis postea gratiam rettulit.

9. Flucht zu den Persern; Gesuch um Asyl

Scio plerosque ita scripsisse, Themistoclem Xerxe regnante in Asiam transisse. Sed ego potissimum Thucydidi credo, quod aetate proximus de iis, qui illorum temporum historiam reliquerunt, et eiusdem civitatis fuit. Is autem ait ad Artaxerxen eum venisse atque his verbis epistulam misisse: 'Themistocles veni ad te, qui plurima mala omnium Graiorum in domum tuam intuli, quamdiu mihi necesse fuit adversum patrem tuum bellare patriamque meam defendere. Idem multo plura bona feci, postquam in tuto ipse et ille in periculo esse coepit. Nam cum in Asiam reverti vellet proelio apud Salamina facto, litteris eum certiorem feci id agi, ut pons, quem in Hellesponto fecerat, dissolveretur atque ab hostibus circumiretur; quo nuntio ille periculo est liberatus. Nunc autem confugi ad te exagitatus a cuncta Graecia, tuam petens amicitiam. Quam si ero adeptus, non minus me bonum amicum habebis, quam fortem inimicum ille expertus est. Te autem rogo, ut de iis rebus, quas tecum colloqui volo, annuum mihi tempus des eoque transacto ad te venire patiaris.'

10. Seine letzten Lebensjahre in Magnesia

Huius rex animi magnitudinem admirans cupiensque talem virum sibi conciliari veniam dedit. Ille omne illud tempus litteris sermonique Persarum se dedidit; quibus adeo eruditus est, ut multo commodius dicatur apud regem verba fecisse, quam ii poterant, qui in Perside erant nati. Hic cum multa regi esset pollicitus gratissimumque illud, si suis uti consiliis vellet, illum Graeciam bello oppressurum, magnis muneribus ab Artaxerxe donatus in Asiam rediit domiciliumque Magnesiae sibi constituit. Namque hanc urbem ei rex donarat, his quidem verbis, quae ei panem praeberet (ex qua regione quinquaginta talenta quotannis redibant), Lampsacum autem, unde vinum sumeret, Myunta, ex qua obsonium haberet.

11. Sein Lebensende

Huius ad nostram memoriam monumenta manserunt duo: sepulcrum prope oppidum, in quo est sepultus;

statua in foro Magnesiae. De cuius morte multimodis apud plerosque scriptum est; sed nos eundem potissimum Thucydidem auctorem probamus, qui illum ait Magnesiae morbo mortuum neque negat fuisse famam venenum sua sponte sumpsisse, cum se, quae regi de Graecia opprimenda pollicitus esset, praestare posse desperaret. Idem ossa eius clam in Attica ab amicis sepulta, quoniam legibus non concederetur, quod proditionis esset damnatus, memoriae prodidit.

III. ARISTIDES

1. Aristides, „der Gerechte", wird verbannt

Aristides, Lysimachi filius, Atheniensis, aequalis fere fuit Themistocli. Itaque cum eo de principatu contendit; namque obtrectarunt inter se. In his autem cognitum est, quanto antestaret eloquentia innocentiae. Quamquam enim adeo excellebat Aristides abstinentia, ut unus post hominum memoriam, quem quidem nos audierimus, cognomine Iustus sit appellatus, tamen a Themistocle collabefactus testula illa exsilio decem annorum multatus est. Qui quidem cum intellegeret reprimi concitatam multitudinem non posse cedensque animadvertisset quendam scribentem, ut patria pelleretur, quaesisse ab eo dicitur, quare id faceret aut quid Aristides commisisset, cur tanta poena dignus duceretur. Cui ille respondit se ignorare Aristiden, sed sibi non placere, quod tam cupide elaborasset, ut praeter ceteros Iustus appellaretur.

Hic decem annorum legitimam poenam non pertulit. Nam postquam Xerxes in Graeciam descendit, sexto fere anno, quam erat expulsus, populi scito in patriam restitutus est.

2. Seine Verdienste um Athen nach der Rückberufung

Interfuit autem pugnae navali apud Salamina, quae facta est, priusquam poena liberaretur. Idem praetor fuit Atheniensium apud Plataeas in proelio, quo Mardonius fusus barbarorumque exercitus interfectus est. Neque aliud est ullum huius in re militari illustre factum quam huius imperii memoria, iustitiae vero et aequitatis et innocentiae multa, in primis quod eius aequitate factum est, cum in communi classe esset Graeciae simul cum Pausania, quo duce Mardonius erat fugatus, ut summa imperii maritimi ab Lacedaemoniis transferretur ad Athenienses. Namque ante id tempus et mari et terra duces erant Lacedaemonii. Tum autem et intemperantia Pausaniae et iustitia factum est Aristidis, ut omnes fere civitates Graeciae ad Atheniensium societatem se applicarent et adversus barbaros hos duces deligerent sibi. Quos quo facilius repellerent, si forte bellum renovare conarentur, ad classes aedificandas exercitusque comparandos quantum pecuniae quaeque civitas daret, Aristides delectus est, qui constitueret, eiusque arbitrio quadringena et sexagena talenta quotannis Delum sunt collata. Id enim commune aerarium esse voluerunt. Quae omnis pecunia postero tempore Athenas translata est.

3. Lob der Lauterkeit seines Charakters

Hic qua fuerit abstinentia, nullum est certius indicium, quam quod, cum tantis rebus praefuisset, in tanta paupertate decessit, ut, qui efferretur, vix reliquerit. Quo factum est, ut filiae eius publice alerentur et de communi aerario dotibus datis collocarentur. Decessit autem fere post annum quartum, quam Themistocles Athenis erat expulsus.

IV. PAUSANIAS

1. Der anmaßende Sieger von Platää

Pausanias Lacedaemonius magnus homo, sed varius in omni genere vitae fuit; nam ut virtutibus eluxit, sic vitiis est obrutus. Huius illustrissimum est proelium apud Plataeas. Namque illo duce Mardonius, satrapes regius, natione Medus, regis gener, in primis omnium Persarum et manu fortis et consilii plenus, cum ducentis milibus peditum, quos viritim legerat, et viginti equitum haud ita magna manu Graeciae fugatus est eoque ipse dux cecidit proelio. Qua victoria elatus plurima miscere coepit et maiora concupiscere. Sed primum in eo est reprehensus, quod ex praeda tripodem aureum Delphis posuisset epigrammate inscripto, in quo haec erat sententia: suo ductu barbaros apud Plataeas esse deletos, eiusque victoriae ergo Apollini donum dedisse. Hos versus Lacedaemonii exsculpserunt neque aliud scripserunt quam nomina earum civitatum, quarum auxilio Persae erant victi.

2. Beginn des Hochverrats: Verhandlungen mit dem Perserkönig

Post id proelium eundem Pausaniam cum classe communi Cyprum atque Hellespontum miserunt, ut ex his regionibus barbarorum praesidia depelleret. Pari felicitate in ea re usus elatius se gerere coepit maioresque appetere res. Nam cum Byzantio expugnato cepisset complures Persarum nobiles atque in his nonnullos regis propinquos, hos clam Xerxi remisit, simulans ex vinclis publicis effugisse, et cum his Gongylum Eretriensem, qui litteras regi redderet, in quibus haec fuisse scripta Thucydides memoriae prodidit: 'Pausanias, dux Spartae, quos Byzanti ceperat, postquam propinquos tuos cognovit, tibi muneri misit seque tecum affinitate coniungi cupit. Quare, si tibi videtur, des ei filiam tuam nuptum. Id si feceris, et Spartam et ceteram Graeciam sub tuam potestatem se adiuvante te redacturum pollicetur. His de rebus si quid geri volueris, certum hominem ad eum mittas face, cum quo colloquatur.' Rex tot hominum salute tam sibi necessariorum magno opere gavisus confestim cum epistula Artabazum ad Pausaniam mittit, in qua eum collaudat; petit, ne cui rei parcat ad ea efficienda, quae polliceretur; si perfecerit, nullius rei a se repulsam laturum. Huius Pausanias voluntate cognita alacrior ad rem gerendam factus in suspicionem cecidit Lacedaemoniorum. Quo facto domum revocatus, accusatus capitis absolvitur, multatur tamen pecunia; quam ob causam ad classem remissus non est.

3. Fortsetzung der Umtriebe im Feld und in der Heimat

At ille post non multo sua sponte ad exercitum rediit et ibi non callida, sed dementi ratione cogitata patefecit. Non enim mores patrios solum, sed etiam cultum vestitumque mutavit. Apparatu regio utebatur, veste Medica; satellites Medi et Aegyptii sequebantur; epulabatur more Persarum luxuriosius, quam, qui aderant, perpeti possent; aditum petentibus conveniundi non dabat, superbe respondebat, crudeliter imperabat. Spartam redire nolebat. Colonas, qui locus in agro Troade est, se contulerat; ibi consilia cum patriae tum sibi inimica capiebat. Id postquam Lacedaemonii rescierunt, legatos cum clava ad eum miserunt, in qua more illorum erat scriptum: nisi domum reverteretur, se capitis eum damnaturos. Hoc nuntio commotus, sperans se etiam tum pecunia et potentia instans periculum posse depellere, domum rediit. Huc ut venit, ab ephoris in vincla publica est coniectus; licet enim legibus eorum cuivis ephoro hoc facere regi. Hinc tamen se expedivit, neque eo magis carebat suspicione. Nam opinio manebat eum cum rege habere societatem. Est genus quoddam hominum, quod Hilotae vocatur, quorum magna multitudo agros Lacedaemoniorum colit servorumque munere fungitur. Hos quoque sollicitare spe libertatis existimabatur. Sed quod harum rerum nullum erat apertum crimen, quo argui posset, non putabant de tali tamque claro viro suspicionibus opertere iudicari et exspectandum, dum se ipsa res aperiret.

4. Entlarvung des Hochverräters durch einen Brief

Interim Argilius quidam adulescentulus, cum epistulam ab eo ad Artabazum accepisset eique in suspicionem venisset aliquid in ea de se esse scriptum, quod nemo eorum redisset, qui super tali causa eodem missi erant, vincla epistulae laxavit signoque detracto cognovit, si pertulisset, sibi esse pereundum. Erant in eadem epistula, quae ad ea pertinebant, quae inter regem Pausaniamque convenerant. Has ille litteras ephoris tradidit. Non est praetereunda gravitas Lacedaemoniorum hoc loco. Nam ne huius quidem indicio impulsi sunt, ut Pausaniam comprehenderent, neque prius vim adhibendam putaverunt, quam se ipse indicasset. Itaque huic indici, quid fieri vellent, praeceperunt. Fanum Neptuni est Taenari, quod violari nefas putant Graeci. Eo ille confugit in araque consedit. Hanc iuxta locum fecerunt sub terra, ex quo posset audiri, si quis quid loqueretur cum Argilio. Huc ex ephoris quidam descenderunt. Pausanias ut audivit Argilium confugisse in aram, perturbatus venit eo. Quem cum supplicem dei videret in ara sedentem, quaerit, causae quid sit tam repentini consilii. Huic ille, quid ex litteris comperisset, aperit. Modo magis Pausanias perturbatus orare coepit, ne enuntiaret neu se meritum de illo optime proderet; quodsi eam veniam sibi dedisset tantisque implicatum rebus sublevasset, magno ei praemio futurum.

5. Das Ende des Verbrechers

His rebus ephori cognitis satius putarunt in urbe eum comprehendi. Quo cum essent profecti et Pausanias placato Argilio, ut putabat, Lacedaemonem reverteretur, in itinere, cum iam in eo esset, ut comprehenderetur, ex vultu cuiusdam ephori, qui eum admoneri cupiebat, insidias sibi fieri intellexit. Itaque paucis ante gradibus, quam qui eum sequebantur, in aedem Minervae, quae Chalcioicos vocatur, confugit. Hinc ne exire posset, statim ephori valvas eius aedis obstruxerunt tectumque sunt demoliti, quo celerius sub divo interiret. Dicitur eo tempore matrem Pausaniae vixisse eamque iam magno natu, postquam de scelere filii comperit, in primis ad filium claudendum lapidem ad introitum aedis attulisse. Hic cum semianimis de templo elatus esset, confestim animam efflavit. Sic Pausanias magnam belli gloriam turpi morte maculavit. Cuius mortui corpus cum eodem nonnulli dicerent inferri oportere, quo ii, qui ad supplicium essent dati, displicuit pluribus et procul ab eo loco infoderunt, quo erat mortuus. Inde posterius dei Delphici responso erutus atque eodem loco sepultus est, ubi vitam posuerat.

V. ALCIBIADES

1. Licht- und Schattenseiten seines Wesens. Seine Jugendzeit

Alcibiades, Cliniae filius, Atheniensis. In hoc, quid natura efficere possit, videtur experta. Constat enim inter omnes, qui de eo memoriae prodiderunt, nihil illo fuisse excellentius vel in vitiis vel in virtutibus. Natus in amplissima civitate summo genere, omnium aetatis suae multo formosissimus, ad omnes res aptus consiliique plenus (namque imperator fuit summus et mari et terra), disertus, ut in primis dicendo valeret, quod tanta erat commendatio oris atque orationis, ut nemo ei posset resistere, dives, cum tempus posceret, laboriosus, patiens, liberalis, splendidus non minus in vita quam victu, affabilis, blandus, temporibus callidissime serviens; idem, simulac se remiserat neque causa suberat, quare animi laborem perferret, luxuriosus, dissolutus, libidinosus, intemperans reperiebatur, ut omnes admirarentur in uno homine tantam esse dissimilitudinem tamque diversam naturam.

Educatus est in domo Pericli (privignus enim eius fuisse dicitur), eruditus a Socrate; socerum habuit Hipponicum, omnium Graeca lingua loquentium ditissimum, ut, si ipse fingere vellet, neque plura bona comminisci neque maiora posset consequi, quam vel natura vel fortuna tribueret.

2. Seine Wahl zum Feldherrn im Kriege gegen Sizilien; schwerer Verdacht gegen ihn unmittelbar vor dem Ausmarsch

Bello Peloponnesio huius consilio atque auctoritate Athenienses bellum Syracusanis indixerunt; ad quod gerendum ipse dux delectus est, duo praeterea collegae dati, Nicias et Lamachus. Id cum appararetur, priusquam classis exiret, accidit, ut una nocte omnes Hermae, qui in oppido erant Athenis, deicerentur praeter unum, qui ante ianuam erat Andocidis. Itaque ille postea Mercurius Andocidis vocitatus est. Hoc cum appareret non sine magna multorum consensione esse factum, quae non ad privatam, sed publicam rem pertineret, magnus multitudini timor est iniectus, ne qua repentina vis in civitate exsisteret, quae libertatem opprimeret populi. Hoc maxime convenire in Alcibiadem videbatur, quod et potentior et maior quam privatus existimabatur. Multos enim liberalitate devinxerat, plures etiam opera forensi suos reddiderat. Qua re fiebat, ut omnium oculos, quotienscumque in publicum prodisset, ad se converteret neque ei par quisquam in civitate poneretur. Itaque non solum spem in eo habebant maximam, sed etiam timorem, quod et obesse plurimum et prodesse poterat. Aspergebatur etiam infamia, quod in domo sua facere mysteria dicebatur; quod nefas erat more Atheniensium, idque non ad religionem, sed ad coniurationem pertinere existimabatur.

3. Anklage und Todesurteil gegen den Abwesenden wegen Religionsfrevels; sein Übergang zu den Spartanern, dem Landesfeind

Hoc crimine in contione ab inimicis compellabatur. Sed instabat tempus ad bellum proficiscendi. Id ille intuens neque ignorans civium suorum consuetudinem postulabat, si quid de se agi vellent, potius de praesente quaestio haberetur, quam absens invidiae crimine accusaretur. Inimici vero eius quiescendum in praesenti, quia noceri ei non posse intellegebant, et illud tempus exspectandum decreverunt, quo exisset, ut absentem aggrederentur; itaque fecerunt. Nam postquam in Siciliam eum pervenisse crediderunt, absentem, quod sacra violasset, reum fecerunt. Qua de re cum ei nuntius a magistratu in Siciliam missus esset, ut domum ad causam dicendam rediret, essetque in magna spe provinciae bene administrandae, non parere noluit et in trierem, quae ad eum erat deportandum missa, ascendit. Hac Thurios in Italiam pervectus, multa secum reputans de immoderata civium suorum licentia crudelitateque erga nobiles, utilissimum ratus impendentem evitare tempestatem clam se ab custodibus subduxit et inde primum Elidem, dein Thebas venit. Postquam autem se capitis damnatum bonis publicatis audivit et, id quod usu venerat, Eumolpidas sacerdotes a populo coactos, ut se devoverent, eiusque devotionis, quo testatior esset memoria, exemplum in pila lapidea incisum esse positum in publico, Lacedaemonem demigravit. Ibi, ut ipse praedicare consuerat, non adversus patriam, sed inimicos suos bellum gessit, quod eidem hostes essent civitati; nam cum intellegerent se plurimum prodesse posse rei publicae, ex ea eiecisse plusque irae suae quam utilitati communi paruisse. Itaque huius consilio Lacedaemonii cum Perse rege amicitiam fecerunt, dein Deceleam in Attica munierunt praesidioque ibi perpetuo posito in obsidione Athenas tenuerunt; eiusdem opera Ioniam a societate averterunt Atheniensium. Quo facto multo superiores bello esse coeperunt.

4. Flucht von Sparta ins Perserreich; Aussöhnung mit Athen; siegreiche Kämpfe gegen dessen Feinde

Neque vero his rebus tam amici Alcibiadi sunt facti quam timore ab eo alienati. Nam cum acerrimi viri praestantem prudentiam in omnibus rebus cognoscerent, pertimuerunt, ne caritate patriae ductus aliquando ab ipsis descisceret et cum suis in gratiam rediret. Itaque tempus eius interficiundi quaerere instituerunt. Id Alcibiades diutius celari non potuit. Erat enim ea sagacitate, ut decipi non posset, praesertim cum animum attendisset ad cavendum. Itaque ad Tissaphernem, praefectum regis Darii, se contulit. Cuius cum in intimam amicitiam pervenisset et Atheniensium male gestis in Sicilia rebus opes senescere, contra Lacedaemoniorum crescere videret, initio cum Pisandro praetore, qui apud Samum exercitum habebat, per internuntios colloquitur et de reditu suo facit mentionem. Erat enim eodem quo Alcibiades sensu, populi potentiae non amicus et optimatium fautor. Ab hoc destitutus primum per Thrasybulum, Lyci filium, ab exercitu recipitur praetorque fit apud Samum; post suffragante Theramene populi scito restituitur parique absens imperio praeficitur simul cum Thrasybulo et Theramene. Horum in imperio tanta commutatio rerum facta est, ut Lacedaemonii, qui paulo ante victores viguerant, perterriti pacem peterent. Victi enim erant quinque proeliis terrestribus, tribus navalibus; in quibus ducentas naves triremes amiserant, quae captae in hostium venerant potestatem. Alcibiades simul cum collegis receperat Ioniam, Hellespontum, multas praeterea urbes Graecas, quae in ora sitae sunt Thraciae, quarum expugnarant complures, in his Byzantium, neque minus multas consilio ad amicitiam adiunxerant, quod in captos clementia fuerant usi. Ita praeda onusti, locupletato exercitu, maximis rebus gestis Athenas venerunt.

5. Triumphale Rückkehr des Siegers in die Vaterstadt

His cum obviam universa civitas in Piraeum descendisset, tanta fuit omnium exspectatio visendi Alcibiadis, ut ad eius triremem vulgus conflueret, proinde ac si solus advenisset. Sic enim populo erat persuasum et adversas superiores et praesentes secundas res accidisse eius opera. Itaque et Siciliam amissam et Lacedaemoniorum victorias culpae suae tribuebant, quod talem virum e civitate expulissent. Neque id sine causa arbitrari videbantur. Nam postquam exercitui praeesse coeperat, neque terra neque mari hostes pares esse potuerant. Hic ut e nave egressus est, quamquam Theramenes et Thrasybulus eisdem rebus praefuerant simulque venerant in Piraeum, tamen unum omnes illum prosequebantur, et, id quod numquam antea usu venerat nisi Olympiae victoribus, coronis laureis taeniisque vulgo donabatur. Ille lacrumans talem benevolentiam civium suorum accipiebat, reminiscens pristini temporis acerbitatem. Postquam astu venit, contione advocata sic verba fecit, ut nemo tam ferus fuerit, quin eius casu illacrumarit inimicumque iis se ostenderit, quorum opera patria pulsus fuerat, proinde ac si alius populus, non ille ipse, qui tum flebat, eum sacrilegii damnasset. Restituta ergo huic sunt publice bona, eidemque illi Eumolpidae sacerdotes rursus resacrare sunt coacti, qui eum devoverant, pilaeque illae, in quibus devotio fuerat scripta, in mare praecipitatae.

6. Nach kurzem Glück neuer Sturz; Auswanderung nach Thrazien

Haec Alcibiadi laetitia non nimis fuit diuturna. Nam cum ei omnes essent honores decreti totaque res publica domi bellique tradita, ut unius arbitrio gereretur, et ipse postulasset, ut duo sibi collegae darentur, Thrasybulus et Adimantus, neque id negatum esset, classe in Asiam profectus, quod apud Cymen minus ex sententia rem gesserat, in invidiam reccidit. Nihil enim eum non efficere posse ducebant. Ex quo fiebat, ut omnia minus prospere gesta culpae tribuerent, cum aut eum neglegenter aut malitiose fecisse loquerentur; sicut tum accidit. Nam corruptum a rege capere Cymen noluisse arguebant. Itaque huic maxime putamus malo fuisse nimiam opinionem ingenii atque virtutis. Timebatur enim non minus quam diligebatur, ne secunda fortuna magnisque opibus elatus tyrannidem concupisceret. Quibus rebus factum est, ut absenti magistratum abrogarent et alium in eius locum substituerent. Id ille ut audivit, domum reverti noluit et se Pactyen contulit ibique tria castella communiit, Ornos, Bisanthen, Neontichos, manuque collecta primus Graecae civitatis in Thraciam introiit, gloriosius existimans barbarorum praeda locupletari quam Graiorum. Qua ex re creverat cum fama tum opibus magnamque amicitiam sibi cum quibusdam regibus Thraciae pepererat.

7. Abermalige, freilich vergebliche Bemühungen um Annäherung an Athen

Neque tamen a caritate patriae potuit recedere. Nam cum apud Aegos flumen Philocles, praetor Atheniensium, classem constituisset suam neque longe abesset Lysander, praetor Lacedaemoniorum, qui in eo erat occupatus, ut bellum quam diutissime duceret, quod ipsis pecunia a rege suppeditabatur, contra Atheniensibus exhaustis praeter arma et naves nihil erat super, Alcibiades ad exercitum venit Atheniensium ibique praesente vulgo agere coepit: si vellent, se coacturum Lysandrum dimicare aut pacem petere spondet; Lacedaemonios eo nolle classe confligere, quod pedestribus copiis plus quam navibus valerent; sibi autem esse facile Seuthem, regem Thracum, adducere, ut eum terra depelleret; quo facto necessario aut classe conflicturum aut bellum compositurum. Id etsi vere dictum Philocles animadvertebat, tamen postulata facere noluit, quod sentiebat se Alcibiade recepto nullius momenti apud exercitum futurum et, si quid secundi evenisset, nullam in ea re suam partem fore, contra ea, si quid adversi accidisset, se unum eius delicti futurum reum. Ab hoc discedens Alcibiades: 'Quoniam', inquit, 'victoriae patriae repugnas, illud moneo, iuxta hostem ne castra habeas nautica; periculum est enim, ne immodestia militum vestrorum occasio detur Lysandro vestri opprimendi exercitus.' Neque ea res illum fefellit. Nam Lysander cum per speculatores comperisset vulgum Atheniensium in terram praedatum exisse navesque paene inanes relictas, tempus rei gerendae non dimisit eoque impetu bellum totum delevit.

8. Versuch, ein Bündnis der Perser mit Athen herbeizuführen

At Alcibiades, victis Atheniensibus non satis tuta eadem loca sibi arbitrans, penitus in Thraciam se supra Propontidem abdidit, sperans ibi facillime suam fortunam occuli posse. Falso. Nam Thraces, postquam eum cum magna pecunia venisse senserunt, insidias fecerunt: qui ea, quae apportarat, abstulerunt, ipsum capere non potuerunt. Ille cernens nullum locum sibi tutum in Graecia propter potentiam Lacedaemoniorum, ad Pharnabazum in Asiam transiit; quem quidem adeo sua cepit humanitate, ut eum nemo in amicitia antecederet. Namque ei Grynium dederat, in Phrygia castrum, ex quo quinquagena talenta vectigalis capiebat. Qua fortuna Alcibiades non erat contentus neque Athenas victas Lacedaemoniis servire poterat pati. Itaque ad patriam liberandam omni ferebatur cogitatione. Sed videbat id sine rege Perse non posse fieri ideoque eum amicum sibi cupiebat adiungi neque dubitabat facile se consecuturum, si modo eius conveniundi habuisset potestatem. Nam Cyrum fratrem ei bellum clam parare Lacedaemoniis adiuvantibus sciebat; id si aperuisset, magnam se initurum gratiam videbat.

9. Ermordung des Flüchtlings auf Betreiben der Athener

Hoc cum moliretur peteretque a Pharnabazo, ut ad regem mitteretur, eodem tempore Critias ceterique tyranni Atheniensium certos homines ad Lysandrum in Asiam miserant, qui eum certiorem facerent, nisi Alcibiadem sustulisset, nihil earum rerum fore ratum, quas ipse Athenis constituisset; quare, si suas res gestas manere vellet, illum persequeretur. His Laco rebus commotus statuit accuratius sibi agendum cum Pharnabazo. Huic ergo renuntiat, quae regi cum Lacedaemoniis essent, nisi Alcibiadem vivum aut mortuum sibi tradidisset. Non tulit hunc satrapes et violare clementiam quam regis opes minui maluit. Itaque misit Susamithrem et Bagaeum ad Alcibiadem interficiendum, cum ille esset in Phrygia iterque ad regem compararet. Missi clam vicinitati, in qua tum Alcibiades erat, dant negotium, ut eum interficiant. Illi cum ferro aggredi non auderent, noctu ligna contulerunt circa casam eam, in qua quiescebat, eamque succenderunt, ut incendio conficerent, quem manu superari posse diffidebant. Ille autem ut sonitu flammae est excitatus, etsi gladius ei erat subductus, familiaris sui subalare telum eripuit. Namque erat cum eo quidam ex Arcadia hospes, qui numquam discedere voluerat. Hunc sequi se iubet et id, quod in praesentia vestimentorum fuit, arripit. His in ignem coniectis flammae vim transiit. Quem ut barbari incendium effugisse viderunt, telis eminus missis interfecerunt caputque eius ad Pharnabazum rettulerunt. At mulier, quae cum eo vivere consuerat, muliebri sua veste contectum aedificii incendio mortuum cremavit, quod ad vivum interimendum erat comparatum. Sic Alcibiades annos circiter quadraginta natus diem obiit supremum.

10. Alcibiades im Urteil bedeutender Historiker

Hunc infamatum a plerisque tres gravissimi historici summis laudibus extulerunt: Thucydides, qui eiusdem aetatis fuit, Theopompus, post aliquanto natus, et Timaeus; qui quidem duo maledicentissimi nescio quo modo in illo uno laudando consentiunt. Namque ea, quae supra scripsimus, de eo praedicarunt atque hoc amplius: cum Athenis, splendidissima civitate, natus esset, omnes splendore ac dignitate superasse vitae; postquam inde expulsus Thebas venerit, adeo studiis eorum inservisse, ut nemo eum labore corporisque viribus posset aequiperare (omnes enim Boeotii magis firmitati corporis quam ingenii acumini inserviunt); eundem apud Lacedaemonios, quorum moribus summa virtus in patientia ponebatur, sic duritiae se dedisse, ut parsimonia victus atque cultus omnes Lacedaemonios vinceret; fuisse apud Thraces, homines vinolentos ac libidinosos; hos quoque in hac re antecessisse; venisse ad Persas, apud quos summa laus esset fortiter venari, luxuriose vivere; horum sic imitatum consuetudinem, ut illi ipsi eum in his maxime admirarentur. Quibus rebus effecisse, ut, apud quoscumque esset, princeps poneretur habereturque carissimus.

VI. THRASYBULUS

1. Athens Befreiung von den dreißig Tyrannen das persönliche Verdienst Thrasybuls

Thrasybulus, Lyci filius, Atheniensis. Si per se virtus sine fortuna ponderanda est, dubito, an hunc primum omnium ponam. Illud sine dubio: neminem huic praefero fide, constantia, magnitudine animi, in patriam amore. Nam quod multi voluerunt paucique potuerunt, ab uno tyranno patriam liberare, huic contigit, ut a triginta oppressam tyrannis e servitute in libertatem vindicaret. Sed nescio quo modo, cum eum nemo anteiret his virtutibus, multi nobilitate praecucurrerunt. Primum Peloponnesio bello multa hic sine Alcibiade gessit, ille nullam rem sine hoc; quae ille universa naturali quodam bono fecit lucri. Sed illa tamen omnia communia imperatoribus cum militibus et fortuna, quod in proelii concursu abit res a consilio ad vices rerum virtutemque pugnantium. Itaque iure suo nonnulla ab imperatore miles, plurima vero fortuna vindicat seque hic plus valuisse quam ducis prudentiam vere potest praedicare. Illud magnificentissimum factum proprium est Thrasybuli. Nam cum triginta tyranni, praepositi a Lacedaemoniis, servitute oppressas tenerent Athenas, plurimos cives, quibus in bello parserat fortuna, partim patria expulissent, partim interfecissent, plurimorum bona publicata inter se divisissent, non solum princeps, sed etiam solus initio bellum iis indixit.

2. Kluge Vorbereitung und kühne Durchführung des Unternehmens

Hic enim cum Phylen confugisset, quod est castellum in Attica munitissimum, non plus habuit secum triginta de suis. Hoc initium fuit salutis Atticorum, hoc robur libertatis clarissimae civitatis. Neque vero hic non contemptus est primo a tyrannis atque eius solitudo. Quae quidem res et illis contemnentibus perniciei et huic despecto saluti fuit; haec enim illos segnes ad persequendum, hos autem tempore ad comparandum dato fecit robustiores. Quo magis praeceptum illud omnium in animis esse debet, nihil in bello oportere contemni, neque sine causa dici matrem timidi flere non solere. Neque tamen pro opinione Thrasybuli auctae sunt opes; nam iam illis temporibus fortius boni pro libertate loquebantur quam pugnabant.

Hinc in Piraeum transiit Munichiamque munivit. Hanc bis tyranni oppugnare sunt adorti ab eaque turpiter repulsi protinus in urbem armis impedimentisque amissis refugerunt. Usus est Thrasybulus non minus prudentia quam fortitudine. Nam cedentes violari vetuit (cives enim civibus parcere aequum censebat), neque quisquam est vulneratus, nisi qui prior impugnare voluit. Neminem iacentem veste spoliavit, nil attigit nisi arma, quorum indigebat, quaeque ad victum pertinebant. In secundo proelio cecidit Critias, dux tyrannorum, cum quidem exadversus Thrasybulum fortissime pugnaret.

3. Schonende Behandlung der besiegten Gegner

Hoc deiecto Pausanias venit Atticis auxilio, rex Lacedaemoniorum. Is inter Thrasybulum et eos, qui urbem tenebant, fecit pacem his condicionibus: ne qui praeter triginta tyrannos et decem, qui postea praetores creati superioris more crudelitatis erant usi, afficerentur exsilio neve bona publicarentur; rei publicae procuratio populo redderetur. Praeclarum hoc quoque Thrasybuli, quod reconciliata pace, cum plurimum in civitate posset, legem tulit, ne quis ante actarum rerum accusaretur neve multaretur; eamque illi oblivionis appellarunt. Neque vero hanc tantum ferendam curavit, sed etiam, ut valeret, effecit. Nam cum quidam ex iis, qui simul cum eo in exsilio fuerant, caedem facere eorum vellent, cum quibus in gratiam reditum erat publice, prohibuit et id, quod pollicitus erat, praestitit.

4. Persönliche Anspruchslosigkeit Thrasybuls; sein Tod

Huic pro tantis meritis honoris causa corona a populo data est, facta duabus virgulis oleaginis. Quam quod amor civium et non vis expresserat, nullam habuit invidiam magnaque fuit gloria. Bene ergo Pittacus ille, qui in septem sapientum numero est habitus, cum Mytilenaei multa milia iugerum agri ei muneri darent, 'nolite, oro vos', inquit, 'id mihi dare, quod multi invideant, plures etiam concupiscant. Quare ex istis nolo amplius quam centum iugera, quae et meam animi aequitatem et vestram voluntatem indicent. Nam parva munera diutina, locupletia non propria esse consuerunt.' Illa igitur corona contentus Thrasybulus neque amplius requisivit neque quemquam honore se antecessisse existimavit.

Hic sequenti tempore cum praetor classem ad Ciliciam appulisset neque satis diligenter in castris eius agerentur vigiliae, a barbaris ex oppido noctu eruptione facta in tabernaculo interfectus est.

VII. EPAMINONDAS

1. Einleitung

Epaminondas, Polymnidis filius, Thebanus. De hoc priusquam scribimus, haec praecipienda videntur lectoribus, ne alienos mores ad suos referant neve ea, quae ipsis leviora sunt, pari modo apud ceteros fuisse arbitrentur. Scimus enim musicen nostris moribus abesse a principis persona, saltare vero etiam in vitiis poni; quae omnia apud Graecos et grata et laude digna ducuntur. Cum autem exprimere imaginem consuetudinis atque vitae velimus Epaminondae, nihil videmur debere praetermittere, quod pertineat ad eam declarandam. Quare dicemus primum de genere eius, deinde quibus disciplinis et a quibus sit eruditus, tum de moribus ingeniique facultatibus et si qua alia memoria digna erunt, postremo de rebus gestis, quae a plurimis animi anteponuntur virtutibus.

2. Sorgfältige Erziehung und Ausbildung

Natus igitur patre, quo diximus, genere honesto, pauper iam a maioribus relictus est, eruditus autem sic ut nemo Thebanus magis. Nam et citharizare et cantare ad chordarum sonum doctus a Dionysio, qui non minore fuit in musicis gloria quam Damon aut Lamprus, quorum pervulgata sunt nomina, cantare tibiis ab Olympiodoro, saltare a Calliphrone. At philosophiae praeceptorem habuit Lysim Tarentinum, Pythagoreum; cui quidem sic fuit deditus, ut adulescens tristem ac severum senem omnibus aequalibus suis in familiaritate anteposuerit, neque prius eum a se dimisit, quam in doctrinis tanto antecessit condiscipulos, ut facile intellegi posset pari modo superaturum omnes in ceteris artibus. Atque haec ad nostram consuetudinem sunt levia et potius contemnenda, at in Graecia, utique olim, magnae laudi erant. Postquam ephebus est factus et palaestrae dare operam coepit, non tam magnitudini virium servivit quam velocitati; illam enim ad athletarum usum, hanc ad belli existimabat utilitatem pertinere. Itaque exercebatur plurimum currendo et luctando ad eum finem, quoad stans complecti posset atque contendere. In armis vero plurimum studii consumebat.

3. Geistige und moralische Vorzüge

Ad hanc corporis firmitatem plura etiam animi bona accesserunt. Erat enim modestus, prudens, gravis, temporibus sapienter utens, peritus belli, fortis manu, animo maximo, adeo veritatis diligens, ut ne ioco quidem mentiretur. Idem continens, clemens patiensque admirandum in modum, non solum populi, sed etiam amicorum ferens iniurias, in primis commissa celans, quodque interdum non minus prodest quam diserte dicere, studiosus audiendi;

ex hoc enim facillime disci arbitrabatur. Itaque cum in circulum venisset, in quo aut de re publica disputaretur aut de philosophia sermo haberetur, numquam inde prius discessit, quam ad finem sermo esset adductus. Paupertatem adeo facile perpessus est, ut de re publica nihil praeter gloriam ceperit. Amicorum in se tuendo caruit facultatibus, fide ad alios sublevandos saepe sic usus est, ut iudicari possit omnia ei cum amicis fuisse communia. Nam cum aut civium suorum aliquis ab hostibus esset captus aut virgo amici nubilis, quae propter paupertatem collocari non posset, amicorum consilium habebat et, quantum quisque daret, pro facultatibus imperabat. Eamque summam cum fecerat, priusquam acciperet pecuniam, adducebat eum, qui quaerebat, ad eos, qui conferebant, eique ut ipsi numerarent, faciebat, ut ille, ad quem ea res perveniebat, sciret, quantum cuique deberet.

4. Ein Beispiel seiner Unbestechlichkeit

Tentata autem eius est abstinentia a Diomedonte Cyziceno; namque is rogatu Artaxerxis regis Epaminondam pecunia corrumpendum susceperat. Hic magno cum pondere auri Thebas venit et Micythum adulescentulum quinque talentis ad suam perduxit voluntatem. Micythus Epaminondam convenit et causam adventus Diomedontis ostendit. At ille Diomedonti coram: 'Nihil', inquit, 'opus pecunia est; nam si rex ea vult, quae Thebanis sunt utilia, gratis facere sum paratus; sin autem contraria, non habet auri atque argenti satis. Namque orbis terrarum divitias accipere nolo pro patriae caritate. Tu quod me incognitum tentasti tuique similem existimasti, non miror tibique ignosco; sed egredere propere, ne alios corrumpas, cum me non potueris. Et tu, Micythe, argentum huic redde, aut, nisi id confestim facis, ego te tradam magistratui.' Hunc Diomedon cum rogaret, ut tuto exire suaque, quae attulerat, liceret efferre, 'Istud quidem', inquit, 'faciam, neque tua causa, sed mea, ne, si tibi sit pecunia adempta, aliquis dicat id ad me ereptum pervenisse, quod delatum accipere noluissem.' A quo cum quaesisset, quo se deduci vellet, et ille Athenas dixisset, praesidium dedit, ut tuto perveniret. Neque vero id satis habuit, sed etiam, ut inviolatus in navem escenderet, effecit. Abstinentiae erit hoc satis testimonium. Plurima quidem proferre possumus, sed modus adhibendus est, quoniam uno hoc volumine vitam excellentium virorum complurium concludere constituimus, quorum res separatim multis milibus versuum complures scriptores ante nos explicarunt.

5. Epaminondas ein schlagfertiger Redner gegenüber einem Thebaner

Fuit etiam disertus, ut nemo ei Thebanus par esset eloquentia, neque minus concinnus in brevitate respondendi quam in perpetua oratione ornatus. Habuit obtrectatorem Menecliden quendam, indidem Thebis, et adversarium in administranda re publica, satis exercitatum in dicendo, ut Thebanum scilicet; namque illi genti plus inest virium quam ingenii. Is quod in re militari florere Epaminondam videbat, hortari solebat Thebanos, ut pacem bello anteferrent, ne illius imperatoris opera desideraretur. Huic ille: 'Fallis', inquit, 'verbo cives tuos, quod hos a bello avocas; otii enim nomine servitutem concilias. Nam paritur pax bello. Itaque qui ea diutina volunt frui, bello exercitati esse debent. Quare, si principes Graeciae vultis esse, castris est vobis utendum, non palaestra.' Idem ille Meneclides cum huic obiceret, quod liberos non haberet neque uxorem duxisset, maximeque insolentiam, quod sibi Agamemnonis belli gloriam videretur consecutus, 'At' ille 'desine', inquit, 'Meneclida, de uxore mihi exprobrare; nam nullius in ista re uti consilio volo. Quod autem me Agamemnonem aemulari putas, falleris. Namque ille cum universa Graecia vix decem annis unam cepit urbem, ego contra ea una urbe nostra dieque uno totam Graeciam Lacedaemoniis fugatis liberavi.'

6. Gleiche Schlagfertigkeit gegenüber einem Athener

Idem cum in conventum venisset Arcadum petens, ut societatem cum Thebanis et Argivis facerent, contraque Callistratus, Atheniensium legatus, qui eloquentia omnes eo praestabat tempore, postularet, ut potius amicitiam sequerentur Atticorum, et in oratione sua multa invectus esset in Thebanos et Argivos in eisque hoc posuisset, animum advertere debere Arcades, quales utraque civitas cives procreasset, ex quibus de ceteris possent iudicare: Argivos enim fuisse Orestem et Alcmaeonem matricidas; Thebis Oedipum natum; qui cum patrem suum interfecisset, ex matre liberos procreasse; huic in respondendo Epaminondas, cum de ceteris perorasset, postquam ad illa duo opprobria pervenit, admirari se dixit stultitiam rhetoris Attici, qui non animadverterit innocentes illos natos domi, scelere admisso cum patria essent expulsi, receptos esse ab Atheniensibus. Sed maxime eius eloquentia eluxit Spartae, legati ante pugnam Leuctricam. Quo cum omnium sociorum convenissent legati, coram frequentissimo legationum conventu sic Lacedaemoniorum tyrannidem coarguit, ut non minus illa oratione opes eorum concusserit quam Leuctrica pugna. Tum enim perfecit, quod post apparuit, ut auxilio Lacedaemonii sociorum privarentur.

7. Selbstlose Vaterlandsliebe ohne Rücksicht auf die eigene Person

Fuisse patientem suorumque iniurias ferentem civium, quod se patriae irasci nefas esse duceret, haec sunt testimonia: Cum eum propter invidiam cives sui praeficere exercitui noluissent duxque esset delectus belli imperitus, cuius errore eo esset deducta illa multitudo militum, ut omnes de salute pertimescerent, quod locorum angustiis clausi ab hostibus obsidebantur, desiderari coepta est Epaminondae diligentia; erat enim ibi privatus numero militis. A quo cum peterent opem, nullam adhibuit memoriam contumeliae et exercitum obsidione liberatum domum reduxit incolumem. Nec vero hoc semel fecit, sed saepius. Maxime autem fuit illustre, cum in Peloponnesum exercitum duxisset adversus Lacedaemonios haberetque collegas duos, quorum alter erat Pelopidas, vir fortis ac strenuus. Hi cum criminibus adversariorum omnes in invidiam venissent ob eamque rem imperium iis esset abrogatum atque in eorum locum alii praetores successissent, Epaminondas populi scito non paruit, idemque ut facerent, persuasit collegis et bellum, quod susceperat, gessit. Namque animadvertebat, nisi id fecisset, totum exercitum propter praetorum imprudentiam inscitiamque belli periturum. Lex erat Thebis, quae morte multabat, si quis imperium diutius retinuisset, quam lege praefinitum foret. Hanc Epaminondas cum rei publicae conservandae causa latam videret, ad perniciem civitatis conferri noluit et quattuor mensibus diutius, quam populus iusserat, gessit imperium.

8. Anklage und Freispruch

Postquam domum reditum est, collegae eius hoc crimine accusabantur. Quibus ille permisit, ut omnem causam in se transferrent suaque opera factum contenderent, ut legi non oboedirent. Qua defensione illis periculo liberatis nemo Epaminondam responsurum putabat, quod, quid diceret, non haberet. At ille in iudicium venit, nihil eorum negavit, quae adversarii crimini dabant, omniaque, quae collegae dixerant, confessus est neque recusavit, quominus legis poenam subiret, sed unum ab iis petivit, ut in sepulcro suo inscriberent: 'Epaminondas a Thebanis morte multatus est, quod eos coëgit apud Leuctra superare Lacedaemonios, quos ante se imperatorem nemo Boeotiorum ausus sit aspicere in acie, quodque uno proelio non solum Thebas ab interitu retraxit, sed etiam universam Graeciam in libertatem vindicavit eoque res utrorumque perduxit, ut Thebani Spartam oppugnarent, Lacedaemonii satis haberent, si salvi esse possent, neque prius bellare destitit, quam Messene restituta urbem eorum obsidione clausit.' Haec cum dixisset, risus omnium cum hilaritate coortus est neque quisquam iudex ausus est de eo ferre suffragium. Sic a iudicio capitis maxima discessit gloria.

9. Sein Heldentod im siegreichen Kampf gegen Sparta

Hic extremo tempore imperator apud Mantineam cum acie instructa audacius instaret hostibus, cognitus est a Lacedaemoniis; quod in unius pernicie eius patriae sitam putabant salutem, universi in unum impetum fecerunt neque prius abscesserunt, quam magna caede facta multisque occisis fortissime ipsum Epaminondam pugnantem sparo eminus percussum concidere viderunt. Huius casu aliquantum retardati sunt Boeotii, neque tamen prius pugna excesserunt, quam repugnantes profligarunt. At Epaminondas cum animadverteret mortiferum se vulnus accepisse simulque, si ferrum, quod ex hastili in corpore remanserat, extraxisset, animam statim emissurum, usque eo retinuit, quoad renuntiatum est vicisse Boeotios. Id postquam audivit, 'Satis', inquit, 'vixi; invictus enim morior.' Tum ferro extracto confestim exanimatus est.

10. Nachträge zur Kennzeichnung des großen Mannes

Hic uxorem numquam duxit. In quo cum reprehenderetur, quod liberos non relinqueret, a Pelopida, qui filium habebat infamen, maleque eum in eo patriae consulere diceret, 'Vide,' inquit, 'ne tu peius consulas, qui talem ex te natum relicturus sis. Neque vero stirps potest mihi deesse; namque ex me natam relinquo pugnam Leuctricam, quae non modo mihi superstes, sed etiam immortalis sit necesse est.'

Quo tempore duce Pelopida exsules Thebas occuparunt et praesidium Lacedaemoniorum ex arce expulerunt, Epaminondas, quamdiu facta est caedes civium, domo se tenuit, quod neque malos defendere volebat neque impugnare, ne manus suorum sanguine cruentaret; namque omnem civilem victoriam funestam putabat. Idem, postquam apud Cadmeam cum Lacedaemoniis pugnari coeptum est, in primis stetit.

Huius de virtutibus vitaque satis erit dictum, si hoc unum adiunxero, quod nemo ibit infitias, Thebas et ante Epaminondam natum et post eiusdem interitum perpetuo alieno paruisse imperio, contra ea, quamdiu ille praefuerit rei publicae, caput fuisse totius Graeciae. Ex quo intellegi potest unum hominem pluris quam civitatem fuisse.

VIII. PELOPIDAS

1. Einleitung. — Besetzung Thebens durch die Spartaner; Verbannung des Pelopidas und anderer Patrioten

Pelopidas Thebanus, magis historicis quam vulgo notus. Cuius de virtutibus dubito, quemadmodum exponam, quod vereor, si res explicare incipiam, ne non vitam eius enarrare, sed historiam videar scribere; si tantummodo summas attigero, ne rudibus Graecarum litterarum minus dilucide appareat, quantus fuerit ille vir. Itaque utrique rei occurram, quantum potuero, et medebor cum satietati tum ignorantiae lectorum.

Phoebidas Lacedaemonius cum exercitum Olynthum duceret iterque per Thebas faceret, arcem oppidi, quae Cadmea nominatur, occupavit impulsu paucorum Thebanorum, qui adversariae factioni quo facilius resisterent, Laconum rebus studebant, idque suo privato, non publico fecit consilio. Quo facto eum Lacedaemonii ab exercitu removerunt pecuniaque multarunt, neque eo magis arcem Thebanis reddiderunt, quod susceptis inimicitiis satius ducebant eos obsideri quam liberari. Nam post Peloponnesium bellum Athenasque devictas cum Thebanis sibi rem esse existimabant et eos esse solos, qui adversus resistere auderent. Hac mente amicis suis summas potestates dederant alteriusque factionis principes partim interfecerant, alios in exsilium eiecerant; in quibus Pelopidas hic, de quo scribere exorsi sumus, pulsus patria carebat.

2. Aufnahme der Vertriebenen in Athen; Vorbereitungen zur Befreiung Thebens

Hi omnes fere Athenas se contulerant, non quo sequerentur otium, sed ut, quem ex proximo locum fors obtulisset, eo patriam recuperare niterentur. Itaque cum tempus esset visum rei gerendae, communiter cum iis, qui Thebis idem sentiebant, diem delegerunt ad inimicos opprimendos civitatemque liberandam eum, quo maximi magistratus simul consuerant epulari. Magnae saepe res non ita magnis copiis sunt gestae, sed profecto numquam tam ab tenui initio tantae opes sunt profligatae. Nam duodecim adulescentuli coierunt ex iis, qui exsilio erant multati, cum omnino non essent amplius centum, qui tanto se offerrent periculo. Qua paucitate perculsa est Lacedaemoniorum potentia. Hi enim non magis adversariorum factioni quam Spartanis eo tempore bellum intulerunt, qui principes erant totius Graeciae; quorum imperii maiestas, neque ita multo post, Leuctrica pugna ab hoc initio perculsa concidit. Illi igitur duodecim, quorum dux erat Pelopidas, Athenis interdiu, ut vesperascente caelo Thebas possent pervenire, cum canibus venaticis exierunt, retia ferentes, vestitu agresti, quo minore suspicione facerent iter. Qui cum tempore ipso, quo studuerant, pervenissent, domum Charonis deverterunt, a quo et tempus et dies erat datus.

3. Voller Erfolg des kühnen Unternehmens

Hoc loco libet interponere, etsi seiunctum ab re proposita est, nimia fiducia quantae calamitati soleat esse. Nam magistratuum Thebanorum statim ad aures pervenit exsules in urbem venisse. Id illi vino epulisque dediti usque eo despexerunt, ut ne quaerere quidem de tanta re laborarint. Accessit etiam, quod magis aperiret eorum dementiam. Allata est enim epistula Athenis ab Archino uni ex his, Archiae, qui tum maximum magistratum Thebis obtinebat, in qua omnia de profectione eorum perscripta erant. Quae cum iam accubanti in convivio esset data, sicut erat signata, sub pulvinum subiciens 'in crastinum', inquit, 'differo res severas.' At illi omnes, cum iam nox processisset, vinolenti ab exsulibus duce Pelopida sunt interfecti. Quibus rebus confectis, vulgo ad arma libertatemque vocato, non solum qui in urbe erant, sed etiam undique ex agris concurrerunt, praesidium Lacedaemoniorum ex arce pepulerunt, patriam obsidione liberarunt, auctores Cadmeae occupandae partim occiderunt, partim in exsilium eiecerunt.

4. Weiteres Wirken des Pelopidas für Theben zusammen mit Epaminondas

Hoc tam turbido tempore, sicut supra docuimus, Epaminondas, quoad cum civibus dimicatum est, domi quietus fuit. Itaque haec liberatarum Thebarum propria laus est Pelopidae, ceterae fere communes cum Epaminonda. Namque in Leuctrica pugna imperatore Epaminonda hic fuit dux delectae manus, quae prima phalangem prostravit Laconum. Omnibus praeterea periculis eius affuit (sicut, Spartam cum oppugnavit, alterum tenuit cornu), quoque Messena celerius restitueretur, legatus in Persas est profectus. Denique haec fuit altera persona Thebis, sed tamen secunda ita, ut proxima esset Epaminondae.

5. Sein Heldentod in Thessalien

Conflictatus autem est cum adversa fortuna. Nam et initio, sicut ostendimus, exsul patria caruit et, cum Thessaliam in potestatem Thebanorum cuperet redigere legationisque iure satis tectum se arbitraretur, quod apud omnes gentes sanctum esse consuesset, a tyranno Alexandro Pheraeo simul cum Ismenia comprehensus in vincla coniectus est. Hunc Epaminondas recuperavit, bello persequens Alexandrum. Post id factum numquam animo placari potuit in eum, a quo erat violatus. Itaque persuasit Thebanis, ut subsidio Thessaliae proficiscerentur tyrannosque eius expellerent. Cuius belli cum ei summa esset data eoque cum exercitu profectus esset, non dubitavit, simulac conspexit hostem, confligere. In quo proelio Alexandrum ut animadvertit, incensus ira equum in eum concitavit proculque digressus a suis coniectu telorum confossus concidit. Atque hoc secunda victoria accidit; nam iam inclinatae erant tyrannorum copiae. Quo facto omnes Thessaliae civitates interfectum Pelopidam coronis aureis et statuis aëneis liberosque eius multo agro donarunt.

IX. HAMILCAR

1. Seine Rolle im 1. Punischen Krieg und beim Friedensschluß

Hamilcar, Hannibalis filius, cognomine Barca, Carthaginiensis, primo Poenico bello, sed temporibus extremis, admodum adulescentulus in Sicilia praeesse coepit exercitui. Cum ante eius adventum et mari et terra male res gererentur Carthaginiensium, ipse, ubi affuit, numquam hosti cessit neque locum nocendi dedit saepeque e contrario occasione data lacessivit semperque superior discessit. Quo facto, cum paene omnia in Sicilia Poeni amisissent, ille Erycem sic defendit, ut bellum eo loco gestum non videretur. Interim Carthaginienses classe apud insulas Aegates a C. Lutatio, consule Romanorum, superati statuerunt belli facere finem eamque rem arbitrio permiserunt Hamilcaris. Ille etsi flagrabat bellandi cupiditate, tamen paci serviundum putavit, quod patriam exhaustam sumptibus diutius calamitates belli ferre non posse intellegebat, sed ita, ut statim mente agitaret, si paulum modo res essent refectae, bellum renovare Romanosque armis persequi, donicum aut virtute vicissent aut victi manus dedissent. Hoc consilio pacem conciliavit; in quo tanta fuit ferocia, cum Catulus negaret bellum compositurum, nisi ille cum suis, qui Erycem tenerent, armis relictis Sicilia decederent, ut succumbente patria ipse periturum se potius dixerit, quam cum tanto flagitio domum rediret. Non enim suae esse virtutis arma a patria accepta adversus hostes adversariis tradere. Huius pertinaciae cessit Catulus.

2. Rettung der durch einen Söldneraufstand schwer bedrängten Vaterstadt

At ille ut Carthaginem venit, multo aliter, ac sperarat, rem publicam se habentem cognovit. Namque diuturnitate externi mali tantum exarsit intestinum bellum, ut numquam in pari periculo fuerit Carthago, nisi cum deleta est. Primo mercennarii milites, quibus adversus Romanos usi erant, desciverunt; quorum numerus erat viginti milium. Hi totam abalienarunt Africam, ipsam Carthaginem oppugnarunt. Quibus malis adeo sunt Poeni perterriti, ut etiam auxilia ab Romanis petierint eaque impetrarint. Sed extremo, cum prope iam ad desperationem pervenissent, Hamilcarem imperatorem fecerunt. Is non solum hostes a muris Carthaginis removit, cum amplius centum milia facta essent armatorum, sed etiam eo compulit, ut locorum angustiis clausi plures fame quam ferro interirent. Omnia oppida abalienata, in his Uticam atque Hipponem, valentissima totius Africae, restituit patriae. Neque eo fuit contentus, sed etiam fines imperii propagavit, tota Africa tantum otium reddidit, ut nullum in ea bellum videretur multis annis fuisse.

3. Sein Entschluß, in Spanien einen neuen Krieg gegen Rom vorzubereiten

Rebus his ex sententia peractis fidenti animo atque infesto Romanis, quo facilius causam bellandi reperiret, effecit, ut imperator cum exercitu in Hispaniam mitteretur, eoque secum duxit filium Hannibalem, annorum novem. Erat praeterea cum eo adulescens illustris, Hasdrubal, cui filiam suam in matrimonium dederat. De hoc ideo mentionem fecimus, quod Hamilcare occiso ille exercitui praefuit resque magnas gessit; eiusdemque post mortem Hannibal ab exercitu accepit imperium.

4. Erfolgreiche Kämpfe in Spanien bis zu seinem Tode

At Hamilcar posteaquam mare transiit in Hispaniamque venit, magnas res secunda gessit fortuna: maximas bellicosissimasque gentes subegit; equis, armis, viris, pecunia totam locupletavit Africam. Hic cum in Italiam bellum inferre meditaretur, nono anno, postquam in Hispaniam venerat, in proelio pugnans adversus Vettones occisus est. Huius perpetuum odium erga Romanos maxime concitasse videtur secundum bellum Poenicum. Namque Hannibal, filius eius, assiduis patris obtestationibus eo est perductus, ut interire quam Romanos non experiri mallet.

X. HANNIBAL

1. Seine überragenden militärischen Fähigkeiten

Hannibal, Hamilcaris filius, Carthaginiensis. Si verum est, quod nemo dubitat, ut populus Romanus omnes gentes virtute superarit, non est infitiandum Hannibalem tanto praestitisse ceteros imperatores prudentia, quanto populus

Romanus antecedat fortitudine cunctas nationes. Nam quotiescumque cum eo congressus est in Italia, semper discessit superior. Quod nisi domi civium suorum invidia debilitatus esset, Romanos videtur superare potuisse. Sed multorum obtrectatio devicit unius virtutem.

2. Sein zeitlebens unverminderter Haß gegen Rom

Hic autem velut hereditate relictum odium paternum erga Romanos sic conservavit, ut prius animam quam id deposuerit, qui quidem, cum patria pulsus esset et alienarum opum indigeret, numquam destiterit animo bellare cum Romanis. Nam ut omittam Philippum, quem absens hostem reddidit Romanis, omnium his temporibus potentissimus rex Antiochus fuit. Hunc tanta cupiditate incendit bellandi, ut usque a rubro mari arma conatus sit inferre Italiae. Ad quem cum legati venissent Romani, qui de eius voluntate explorarent darentque operam, consiliis clandestinis ut Hannibalem in suspicionem regi adducerent tamquam ab ipsis corruptum alia atque antea sentire neque id frustra fecissent idque Hannibal comperisset seque ab interioribus consiliis segregari vidisset, tempore dato adiit ad regem, eique cum multa de fide sua et odio in Romanos commemorasset, hoc adiunxit: 'Pater meus', inquit, 'Hamilcar puerulo me, utpote non amplius novem annos nato, in Hispaniam imperator proficiscens Carthagine Iovi optimo maximo hostias immolavit. Quae divina res dum conficiebatur, quaesivit a me, vellemne secum in castra proficisci. Id cum libenter accepissem atque ab eo petere coepissem, ne dubitaret ducere, tum ille: 'Faciam,' inquit, 'si mihi fidem, quam postulo, dederis.' Simul me ad aram adduxit, apud quam sacrificare instituerat, eamque ceteris remotis tenentem iurare iussit numquam me in amicitia cum Romanis fore. Id ego iusiurandum patri datum usque ad hanc aetatem ita conservavi, ut nemini dubium esse debeat, quin reliquo tempore eadem mente sim futurus. Quare, si quid amice de Romanis cogitabis, non imprudenter feceris, si me celaris; cum quidem bellum parabis, te ipsum frustraberis, si non me in eo principem posueris.'

3. Hannibals militärische Laufbahn in Spanien; Einmarsch in Italien

Hac igitur, qua diximus, aetate cum patre in Hispaniam profectus est. Cuius post obitum, Hasdrubale imperatore suffecto, equitatui omni praefuit. Hoc quoque interfecto exercitus summam imperii ad eum detulit. Id Carthaginem delatum publice comprobatum est. Sic Hannibal minor quinque et viginti annis natus imperator factus proximo triennio omnes gentes Hispaniae bello subegit; Saguntum, foederatam civitatem, vi expugnavit; tres exercitus maximos comparavit. Ex his unum in Africam misit, alterum cum Hasdrubale fratre in Hispania reliquit, tertium in Italiam secum duxit. Saltum Pyrenaeum transiit. Quacumque iter fecit, cum omnibus incolis conflixit; neminem nisi victum dimisit. Ad Alpes posteaquam venit, quae Italiam ab Gallia seiungunt, quas nemo umquam cum exercitu ante eum praeter Herculem Graium transierat (quo facto is hodie saltus Graius appellatur), Alpicos conantes prohibere transitu concidit, loca patefecit, itinera muniit, effecit, ut ea elephantus ornatus ire posset, qua antea unus homo inermis vix poterat repere. Hac copias traduxit in Italiamque pervenit.

4. Siegreicher Vormarsch durch Italien bis zur Schlacht bei Kannä

Conflixerat apud Rhodanum cum P. Cornelio Scipione consule eumque pepulerat. Cum hoc eodem Clastidii apud Padum decernit sauciumque inde ac fugatum dimittit. Tertio idem Scipio cum collega Tiberio Longo apud Trebiam adversus eum venit. Cum his manum conseruit, utrosque profligavit. Inde per Ligures Appenninum transiit petens Etruriam. Hoc itinere adeo gravi morbo afficitur oculorum, ut postea numquam dextro aeque bene usus sit. Qua valetudine cum etiam tum premeretur lecticaque ferretur, C. Flaminium consulem apud Trasumenum cum exercitu insidiis circumventum occidit neque multo post C. Centenium praetorem cum delecta manu saltus occupantem. Hinc in Apuliam pervenit. Ibi obviam ei venerunt duo consules, C. Terentius et L. Aemilius. Utriusque exercitus uno proelio fugavit, Paulum consulem occidit et aliquot praeterea consulares, in his Cn. Servilium Geminum, qui superiore anno fuerat consul.

5. Weitere erfolgreiche Kämpfe in Unteritalien

Hac pugna pugnata Romam profectus est nullo resistente. In propinquis urbi montibus moratus est. Cum aliquot ibi dies castra habuisset et Capuam reverteretur, Q. Fabius Maximus, dictator Romanus, in agro Falerno ei se obiecit. Hic clausus locorum angustiis noctu sine ullo detrimento exercitus se expedivit Fabioque, callidissimo imperatori, dedit verba. Namque obducta nocte sarmenta in cornibus iuvencorum deligata incendit eiusque generis multitudinem magnam dispalatam immisit. Quo repentino obiecto visu tantum terrorem iniecit exercitui Romanorum, ut egredi extra vallum nemo sit ausus. Hanc post rem

gestam non ita multis diebus M. Minucium Rufum, magistrum equitum pari ac dictatorem imperio, dolo productum in proelium fugavit. Tiberium Sempronium Gracchum, iterum consulem, in Lucanis absens in insidias inductum sustulit. M. Claudium Marcellum, quinquies consulem, apud Venusiam pari modo interfecit. Longum est omnia enumerare proelia. Quare hoc unum satis erit dictum, ex quo intellegi possit, quantus ille fuerit: quamdiu in Italia fuit, nemo ei in acie restitit, nemo adversus eum post Cannensem pugnam in campo castra posuit.

6. Rückberufung nach Afrika; Karthagos Niederlage

Hinc invictus patriam defensum revocatus bellum gessit adversus P. Scipionem, filium eius Scipionis, quem ipse primo apud Rhodanum, iterum apud Padum, tertio apud Trebiam fugarat. Cum hoc exhaustis iam patriae facultatibus cupivit impraesentiarum bellum componere, quo valentior postea congrederetur. In colloquium convenit; condiciones non convenerunt. Post id factum paucis diebus apud Zamam cum eodem conflixit: pulsus (incredibile dictu) biduo et duabus noctibus Hadrumetum pervenit, quod abest ab Zama circiter milia passuum trecenta. In hac fuga Numidae, qui simul cum eo ex acie excesserant, insidiati sunt ei; quos non solum effugit, sed etiam ipsos oppressit. Hadrumeti reliquos e fuga collegit; novis dilectibus paucis diebus multos contraxit.

7. Ende seiner Wirksamkeit in der Heimat; Verbannung und Flucht zum König Antiochus nach Syrien

Cum in apparando acerrime esset occupatus, Carthaginienses bellum cum Romanis composuerunt. Ille nihilo setius exercitui postea praefuit resque in Africa gessit usque ad P. Sulpicium C. Aurelium consules. His enim magistratibus legati Carthaginienses Romam venerunt, qui senatui populoque Romano gratias agerent, quod cum iis pacem fecissent, ob eamque rem corona aurea eos donarent simulque peterent, ut obsides eorum Fregellis essent captivique redderentur. His ex senatus consulto responsum est: munus eorum gratum acceptumque esse; obsides, quo loco rogarent, futuros; captivos non remissuros, quod Hannibalem, cuius opera susceptum bellum foret, inimicissimum nomini Romano, etiamnunc cum imperio apud exercitum haberent itemque fratrem eius Magonem. Hoc responso Carthaginienses cognito Hannibalem domum et Magonem revocarunt. Huc ut rediit, rex factus est, postquam imperator fuerat anno secundo et vicesimo. Ut enim Romae consules, sic Carthagine quotannis annui bini reges creabantur. In eo magistratu pari diligentia se Hannibal praebuit, ac fuerat in bello. Namque effecit, ex novis vectigalibus non solum ut esset pecunia, quae Romanis ex foedere penderetur, sed etiam superesset, quae in aerario reponeretur. Deinde M. Claudio L. Furio consulibus Roma legati Carthaginem venerunt. Hos Hannibal ratus sui exposcendi gratia missos, priusquam iis senatus daretur, navem ascendit clam atque in Syriam ad Antiochum profugit. Hac re palam facta Poeni naves duas, quae eum comprehenderent, si possent consequi, miserunt, bona eius publicarunt, domum a fundamentis disiecerunt, ipsum exulem iudicarunt.

8. Sein Wirken dort; Tod seines Bruders Mago

At Hannibal anno tertio, postquam domo profugerat, L. Cornelio Q. Minucio consulibus cum quinque navibus Africam accessit in finibus Cyrenaeorum, si forte Carthaginienses ad bellum Antiochi spe fiduciaque inducere posset, cui iam persuaserat, ut cum exercitibus in Italiam proficisceretur. Huc Magonem fratrem excivit. Id ubi Poeni resciverunt, Magonem eadem, qua fratrem, absentem affecerunt poena. Illi desperatis rebus cum solvissent naves ac vela ventis dedissent, Hannibal ad Antiochum pervenit. De Magonis interitu duplex memoria prodita est: namque alii naufragio, alii a servulis ipsius interfectum eum scriptum reliquerunt. Antiochus autem, si tam in gerendo bello consiliis eius parere voluisset, quam in suscipiendo instituerat, propius Tiberi quam Thermopylis de summa imperii dimicasset. Quem etsi multa stulte conari videbat, tamen nulla deseruit in re. Praefuit paucis navibus, quas ex Syria iussus erat in Asiam ducere, hisque adversus Rhodiorum classem in Pamphylio mari conflixit. Cum multitudine adversariorum sui superarentur, ipse, quo in cornu rem gessit, fuit superior.

9. Neue Flucht; Abenteuer in Kreta

Antiocho fugato verens, ne dederetur, quod sine dubio accidisset, si sui fecisset potestatem, Cretam ad Gortynios venit, ut ibi, quo se conferret, consideraret. Vidit autem vir omnium callidissimus in magno se fore periculo, nisi quid providisset, propter avaritiam Cretensium; magnam enim secum pecuniam portabat, de qua sciebat exisse famam. Itaque capit tale consilium: Amphoras complures complet plumbo, summas operit auro et argento. Has praesentibus principibus deponit in templo Dianae, simulans se suas fortunas illorum fidei credere. His in errorem inductis statuas aëneas, quas secum portabat, omni sua pecunia complet easque in propatulo domi abicit. Gortynii templum magna cura custodiunt, non tam a ceteris quam ab Hannibale, ne ille inscientibus iis tolleret secumque duceret.

10. Versuch, von Bithynien aus den Kampf gegen die Römer und ihren Verbündeten Eumenes fortzusetzen

Sic conservatis suis rebus omnibus Poenus illusis Cretensibus ad Prusiam in Pontum pervenit. Apud quem eodem animo fuit erga Italiam neque aliud quicquam egit, quam regem armavit et exercuit adversus Romanos. Quem cum videret domesticis opibus minus esse robustum, conciliabat ceteros reges, adiungebat bellicosas nationes. Dissidebat ab eo Pergamenus rex Eumenes, Romanis amicissimus, bellumque inter eos gerebatur et mari et terra, sed utrobique Eumenes plus valebat propter Romanorum societatem. Quo magis cupiebat eum Hannibal opprimi; quem si removisset, faciliora sibi cetera fore arbitrabatur.

Ad hunc interficiundum talem iniit rationem: Classe paucis diebus erant decreturi. Superabatur navium multitudine; dolo erat pugnandum, cum par non esset armis. Imperavit quam plurimas venenatas serpentes vivas colligi easque in vasa fictilia conici. Harum cum effecisset magnam multitudinem, die ipso, quo facturus erat navale proelium, classiarios convocat hisque praecipit, omnes ut in unam Eumenis regis concurrant navem, a ceteris tantum satis habeant se defendere. Id illos facile serpentium multitudine consecuturos. Rex autem in qua nave veheretur, ut scirent, se facturum. Quem si aut cepissent aut interfecissent, magno iis pollicetur praemio fore. Tali cohortatione militum facta classis ab utrisque in proelium deducitur. Quarum acie constituta, priusquam signum pugnae daretur, Hannibal, ut palam faceret suis, quo loco Eumenes esset, tabellarium in scapha cum caduceo mittit. Qui ubi ad naves adversariorum pervenit epistulamque ostendens se regem professus est quaerere, statim ad Eumenem deductus est, quod nemo dubitabat, quin aliquid de pace esset scriptum. Tabellarius ducis nave declarata suis eodem, unde erat egressus, se recepit. At Eumenes soluta epistula nihil in ea repperit, nisi quae ad irridendum eum pertinerent. Cuius etsi causam mirabatur neque reperiebat, tamen proelium statim committere non dubitavit. Horum in concursu Bithynii Hannibalis praecepto universi navem Eumenis adoriuntur. Quorum vim rex cum sustinere non posset, fuga salutem petit; quam consecutus non esset, nisi intra sua praesidia se recepisset, quae in proximo litore erant collocata. Reliquae Pergamenae naves cum adversarios premerent acrius, repente in eas vasa fictilia, de quibus supra mentionem fecimus, conici coepta sunt. Quae iacta initio risum pugnantibus concitarunt neque, quare id fieret, poterat intellegi. Postquam autem naves suas oppletas conspexerunt serpentibus, nova re perterriti, cum, quid potissimum vitarent, non viderent, puppes verterunt seque ad sua castra nautica rettulerunt. Sic Hannibal consilio arma Pergamenorum superavit neque tum solum, sed saepe alias pedestribus copiis pari prudentia pepulit adversarios.

11. Hannibals Selbstmord

Quae dum in Asia geruntur, accidit casu, ut legati Prusiae Romae apud T. Quintium Flamininum consularem cenarent atque ibi de Hannibale mentione facta ex his unus diceret eum in Prusiae regno esse. Id postero die Flamininus senatui detulit. Patres conscripti, qui Hannibale vivo numquam se sine insidiis futuros existimarent, legatos in Bithyniam miserunt, in his Flamininum, qui ab rege peterent, ne inimicissimum suum secum haberet sibique dederet. His Prusias negare ausus non est; illud recusavit, ne id a se fieri postularent, quod adversus ius hospitii esset:

ipsi, si possent, comprehenderent; locum, ubi esset, facile inventuros. Hannibal enim uno loco se tenebat, in castello, quod ei a rege datum erat muneri, idque sic aedificarat, ut in omnibus partibus aedificii exitus haberet, scilicet verens, ne usu veniret, quod accidit. Huc cum legati Romanorum venissent ac multitudine domum eius circumdedissent, puer ab ianua prospiciens Hannibali dixit plures praeter consuetudinem armatos apparere. Qui imperavit ei, ut omnes fores aedificii circumiret ac propere sibi nuntiaret, num eodem modo undique obsideretur. Puer cum celeriter, quid esset, renuntiasset omnesque exitus occupatos ostendisset, sensit id non fortuito factum, sed se peti neque sibi diutius vitam esse retinendam. Quam ne alieno arbitrio dimitteret, memor pristinarum virtutum venenum, quod semper secum habere consuerat, sumpsit. Sic vir fortissimus, multis variisque perfunctus laboribus, anno acquievit septuagesimo.